MINISTÈRE DE L'INSTRUCTION PUBLIQUE
ET DES BEAUX-ARTS.

MÉMOIRE

sur

LE CARACTÈRE JURIDIQUE

DE LA RESPONSABILITÉ

SOUS L'EMPIRE DU CODE CIVIL

PAR M. GASSAUD

MEMBRE DE LA SOCIÉTÉ DES INGÉNIEURS CIVILS DE PARIS

ET

PAR M. ALFRED GIRARD

PRÉSIDENT DU TRIBUNAL DE COMMERCE DE TOULOUSE

(Extrait du *Bulletin des sciences économiques et sociales du Comité des travaux historiques et scientifiques*, année 1899)

PARIS

IMPRIMERIE NATIONALE

MDCCCC

MINISTÈRE DE L'INSTRUCTION PUBLIQUE
ET DES BEAUX-ARTS.

MÉMOIRE

SUR

LE CARACTÈRE JURIDIQUE

DE LA RESPONSABILITÉ

SOUS L'EMPIRE DU CODE CIVIL

PAR M. GASSAUD
MEMBRE DE LA SOCIÉTÉ DES INGÉNIEURS CIVILS DE PARIS

ET

PAR M. ALFRED GIRARD
PRÉSIDENT DU TRIBUNAL DE COMMERCE DE TOULOUSE

(Extrait du *Bulletin des sciences économiques et sociales du Comité
des travaux historiques et scientifiques*, année 1899)

PARIS

IMPRIMERIE NATIONALE

MDCCCC

MÉMOIRE

SUR

LE CARACTÈRE JURIDIQUE

DE LA RESPONSABILITÉ

SOUS L'EMPIRE DU CODE CIVIL.

Le Code civil ne contient aucune disposition relative à la responsabilité du patron envers son ouvrier ou son employé victime d'un accident de travail, et, en fait, le contrat de louage de services intervenu entre eux ne contient pas de clause relative à des précautions déterminées que le patron s'engagerait à prendre pour éviter les accidents pouvant arriver à son ouvrier.

Si un accident vient à se produire, l'ouvrier qui en aura été la victime ne pourra en demander réparation à son patron qu'à charge d'établir que ce dernier, ou l'un de ses préposés, a commis une faute. Et conformément aux principes généraux, il basera sa demande sur les articles 1382 et suivants du Code civil :

Art. 1382. Tout fait quelconque de l'homme, qui cause à autrui un dommage, oblige celui par la faute duquel il est arrivé à le réparer.

Art. 1383. Chacun est responsable du dommage qu'il a causé non seulement par son fait, mais encore par sa négligence ou son imprudence.

Art. 1384. On est responsable non seulement du dommage que l'on cause par son propre fait, mais encore de celui qui est causé par le fait des personnes dont on doit répondre ou des choses que l'on a sous sa garde.

La responsabilité pénale du patron peut même se trouver engagée en vertu des articles 319 et 320 du Code pénal :

Art. 319. Quiconque, par maladresse, imprudence, inattention, négligence ou inobservation des règlements, aura commis involontairement un homicide, ou en aura été involontairement la cause, sera puni d'un emprisonnement de trois mois à deux ans et d'une amende de cinquante à six cents francs.

Art. 320. S'il n'est résulté du défaut d'adresse ou de précaution que des blessures ou coups, le coupable sera puni de six jours à deux mois d'emprisonnement et d'une amende de seize à cent francs, ou de l'une de ces peines seulement.

On dit, en ce cas, qu'il y a responsabilité *délictuelle* ou *quasi-délictuelle*.

Il y aura, au contraire, responsabilité *contractuelle* si le patron a manqué

M. Gassaud.

2

à une des obligations de son contrat, obligation explicite ou obligation implicite.

La faute est contractuelle lorsqu'une loi ou l'usage imposant de prendre certaines mesures de précaution qui ont été omises, il en est résulté l'accident dommageable dont se plaint l'ouvrier; cela résulte des termes de l'article 1135 du Code civil :

Art. 1135. Les conventions obligent non seulement à ce qui est exprimé, mais encore à toutes les suites que l'équité, l'usage ou la loi donnent à l'obligation d'après sa nature.

Des lois spéciales ou des règlements peuvent avoir prescrit de prendre certaines mesures de précaution, notamment les lois du 2 novembre 1892 et du 12 juin 1893. Ces dispositions sont généralement sanctionnées par des peines de simple police.

Le demandeur, en ce cas, peut invoquer non seulement l'article 1382 du Code civil, mais l'article 1147 du même code :

Art. 1147. Le débiteur est condamné, s'il y a lieu, au payement de dommages-intérêts, soit à raison de l'inexécution de l'obligation, soit à raison du retard dans l'exécution, toutes les fois qu'il ne justifie pas que l'inexécution provient d'une cause étrangère qui ne peut lui être imputée, encore qu'il n'y ait aucune mauvaise foi de sa part.

ACTION PUBLIQUE OU PÉNALE. — PARTIE CIVILE.

CITATION DIRECTE.

L'action pénale ne peut être intentée que par le Ministère public. Mais s'il exerce des poursuites soit devant le tribunal de simple police, soit devant le tribunal de police correctionnelle, en vue de faire appliquer une peine, la victime peut intervenir dans l'instance en se portant *partie civile* et demander à la juridiction répressive de statuer, en même temps que sur la peine à appliquer dans l'intérêt de la vindicte publique, sur l'indemnité à lui allouer à elle partie lésée pour réparer le préjudice qui lui a été causé.

Cela résulte des articles 1 et 3 du Code d'instruction criminelle :

Art. 1er. L'action pour l'application des peines n'appartient qu'aux fonctionnaires auxquels elle est conférée par la loi.

L'action en réparation du dommage causé par un crime, un délit ou une contravention peut être exercée par tous ceux qui ont souffert de ce dommage.

Art. 3. L'action civile peut être poursuivie en même temps et devant les mêmes juges que l'action publique.

Elle peut aussi l'être séparément : dans ce cas, l'exercice en est suspendu tant qu'il n'a pas été prononcé définitivement sur l'action publique intentée avant ou pendant la poursuite de l'action civile.

On dit que le criminel tient le civil en l'état.

Si le Ministère public ne poursuit pas, la victime de l'accident peut prendre l'initiative de l'instance et citer directement le patron soit devant le tribunal de simple police, en vertu de l'article 145 du Code d'instruction criminelle, soit devant le tribunal de police correctionnelle, en vertu de l'article 182 du même code :

Art. 145. Les citations pour contraventions de police sont faites à la requête du Ministère public ou de la partie qui réclame.

Art. 182. Le tribunal sera saisi, en matière correctionnelle, de la connaissance des délits de sa compétence, soit..., soit sur la citation donnée directement au prévenu, et aux personnes civilement responsables du délit par la partie civile.

Le Ministère public en ce cas est nécessairement *partie jointe* et requiert seul l'application de la peine, comme précédemment.

Dans l'un et l'autre cas, le tribunal peut infliger au prévenu une condamnation pénale en même temps qu'une condamnation pécuniaire.

La disposition du paragraphe 2 de l'article 3 du Code d'instruction criminelle est très sage : elle est destinée à éviter, autant que possible, les décisions contradictoires de justice.

Si une condamnation est prononcée par la juridiction pénale, elle aura au civil l'autorité de la chose jugée.

En est-il toujours de même lorsque le prévenu est renvoyé des fins de la plainte, le fait allégué ne constituant pas la faute prévue par les articles 319 et 320 du Code pénal ?

La question est controversée et la jurisprudence est hésitante.

Choix de l'instance par la victime. — S'il n'y a pas eu de poursuites devant la juridiction pénale, ou s'il y en a eu, mais que la victime n'ait pas jugé à propos d'intervenir, elle peut porter son instance en dommages-intérêts devant la juridiction civile.

L'instance pourra être portée soit devant le tribunal civil (suivant le chiffre de la demande, tribunal de paix ou tribunal d'arrondissement), ou devant le tribunal de commerce si le patron est commerçant (quasi-contrat commercial), ou même devant la juridiction administrative si l'État est poursuivi comme responsable d'après la jurisprudence du tribunal des conflits.

Résumé et conclusion. — L'ouvrier, pour obtenir une indemnité sous le régime du Code civil, doit établir une faute à la charge de son patron, et une faute ayant un rapport direct avec l'accident dont il a été victime.

Sans doute, à la suite de l'évolution des idées, les tribunaux se montre-
ront aussi bienveillants que possible pour la victime, mais encore faut-il
qu'il soit établi que le patron est en faute : la Cour de cassation a toujours
maintenu le respect des principes.

Or si l'on admet qu'il y a environ un quart des accidents qui sont imputables à la faute des patrons ou de leurs préposés, un quart imputables
aux ouvriers eux-mêmes et moitié dus à des cas fortuits ou de force majeure, on voit que l'ouvrier ne sera indemnisé par son patron que pour un
quart des accidents dont il est victime et que la totalité des cas fortuits,
ce que l'on a appelé depuis le *risque professionnel*, reste à sa charge sous
l'empire du Code civil.

Origines de la loi nouvelle. — Est-il équitable qu'il en soit ainsi ? L'ouvrier ne devrait-il pas être indemnisé des conséquences de l'accident toutes
les fois que ce n'est pas par sa faute qu'il s'est produit, le risque professionnel rentrant dans les frais généraux de la production ?

Cette question, agitée d'abord au point de vue doctrinal par les juris-
consultes, ne tarda pas à descendre dans le domaine de la pratique.

Dès le 29 mai 1880, M. Martin-Nadaud présenta le premier une propo-
sition de loi destinée à produire le renversement de la preuve telle qu'elle
est établie par le Code civil et, de 1880 à 1887, il ne fut pas présenté
moins de 15 projets relatifs à cette question des accidents de travail. Plu-
sieurs de ces projets sont dus à M. Félix Faure ; dans le dernier il appliquait
les principes du risque professionnel à tous les accidents survenus soit par
cas fortuit ou force majeure, soit même par la faute de l'ouvrier, et il éten-
dait ce risque à toutes les entreprises commerciales, industrielles ou agri-
coles. Il prévoyait l'assurance du patron et organisait une juridiction arbitrale.

Après une longue discussion, le 10 juillet 1888, la Chambre des
députés adoptait par 351 voix contre 78 un premier projet de loi sur les
accidents du travail.

Le projet ne s'appliquait qu'aux ouvriers ou employés dont le salaire
annuel ne dépassait pas 4,000 francs; il les rendait complètement irres-
ponsables, posait le principe du risque professionnel à la charge de l'entreprise, laissait le patron libre de s'assurer soit à l'État, soit à une compa-
gnie ou syndicat, ou rester son propre assureur en organisant en ce cas des
privilèges au profit de la victime d'accident pour le payement de son indemnité.

Les indemnités sont fixées à forfait par la loi, et la juridiction compétente
est le tribunal civil.

Le Sénat apporte à ce projet des modifications profondes : il maintient
le principe du risque professionnel, mais écarte la faute intentionnelle et
même la faute lourde de l'ouvrier: aucune indemnité dans ce cas. Droit

commun s'il y a faute lourde du patron. Indemnité réduite s'il y a faute légère de l'ouvrier. Force majeure ou cas fortuit. Modification du taux des indemnités.

Pas d'assurance par l'État, ni de mutuelles organisées par lui, mais les syndicats professionnels sont autorisés à créer des caisses d'assurances.

Juridiction de droit commun, le juge de paix fixant en dernier ressort les indemnités temporaires, le tribunal civil, les autres litiges.

Les caisses d'assurances créées par les grandes Compagnies étaient expressément maintenues jusqu'à concurrence des sommes garanties par elles.

Les conventions contraires à la loi sur la responsabilité des accidents, déclarées radicalement nulles.

Ce projet était voté par le Sénat, le 22 mai 1890, par 169 voix contre 16.

Le 18 juin 1890, M. Jules Roche, ministre du commerce, présentait, au nom du Gouvernement, un projet de loi intermédiaire entre les projets des deux assemblées : il imposait l'assurance obligatoire par mutualité.

Nouveau projet voté par la Chambre des députés le 10 juin 1893 : il ne s'applique plus qu'aux ouvriers dont le salaire ne dépasse pas 2,000 francs. Indemnités forfaitaires. Tarification nouvelle. Réduction en cas de faute lourde de l'ouvrier.

Juridiction du juge de paix pour les indemnités temporaires. Pour les autres contestations, tribunal arbitral, comprenant trois patrons et trois ouvriers, présidé par le président du tribunal civil. Sentence revisable pendant trois ans.

Mutualités officiellement organisées.

Le projet, retourné au Sénat, y est amendé de nouveau et le texte voté par lui, le 24 mars 1896, accepte le risque professionnel, mais repousse les mutualités officielles et maintient la juridiction des tribunaux ordinaires.

La loi projetée retourne encore à la Chambre qui, cette fois, renonce à la juridiction arbitrale et organise un nouveau système d'assurances facultatives et d'impôts. Les indemnités forfaites sont maintenues.

Le texte voté par la Chambre, le 28 octobre 1897, ne fut pas encore adopté tel quel par le Sénat; quelques modifications furent adoptées par lui, notamment le droit d'appel des décisions du tribunal civil.

Enfin le texte adopté par le Sénat, le 19 mars 1898, fut accepté sans modification et à l'unanimité par la Chambre le 26 mars 1898; il a été promulgué le 9 avril 1898.

On conçoit qu'une loi qui a été ainsi successivement amendée, transformée, tour à tour renvoyée de la Chambre au Sénat et réciproquement, doit manquer d'unité, présenter des lacunes, des dispositions peu concordantes : la mise en pratique de cette loi n'est pas sans offrir de réels dangers.

Caractères dominants de la loi du 9 avril 1898.

A. *Loi d'exception.* — Ce qui frappe tout d'abord à la lecture de l'article 1ᵉʳ, c'est que c'est une *loi d'exception*. Loin d'être appelée à protéger tous les ouvriers et salariés, elle est destinée à ne s'appliquer qu'à quelques catégories qui sont spécialement les ouvriers de l'industrie du bâtiment, de la grande industrie, l'industrie des mines et carrières, l'industrie mécanique, en un mot ce sont les ouvriers organisés en syndicats puissants.

Les syndicats ouvriers réclamaient, on a voulu leur donner satisfaction, satisfaction peut-être plus apparente que réelle; mais qu'importe ?

Mais qu'on ne répète pas, comme on le fait bien à tort, que c'est le développement de la mécanique qui nécessite la nouvelle loi : la statistique suisse établit, pour la période de 1879 à 1884, que les accidents mortels ont été de 14.5 p. 1000 dans le bâtiment, de 27.4 dans les industries forestières, de 26.5 dans les services personnels et domestiques et seulement de 7.6 dans les industries chimiques, de 7.8 dans la construction des machines, de 5,1 dans l'industrie textile.

D'ailleurs, n'est-il pas évident que l'introduction de la machine dans l'atelier est un perfectionnement et non une augmentation de danger. Sans doute, à l'origine de l'outillage mécanique, les machines étaient d'une fabrication imparfaite, elles étaient conduites souvent par des mécaniciens inexpérimentés; le nombre d'accidents a pu être relativement considérable, mais aujourd'hui il n'en est plus ainsi.

Des associations se sont créées en vue d'éviter les accidents, notamment les associations de propriétaires d'appareils à vapeur, l'Association des industriels de France contre les accidents du travail, laquelle a réussi à diminuer chez ses adhérents le nombre des accidents de près de 50 p. 100.

L'introduction de la vapeur dans l'industrie n'augmente pas le danger : les accidents deviennent moins nombreux, mais ils sont plus graves et par suite plus effrayants. Tout le monde connaît l'exemple de l'industrie des transports: lorsqu'on voyageait en diligence, on faisait son testament avant de se mettre en route de Paris pour Lyon. On néglige aujourd'hui cette précaution pour aller en chemin de fer de Paris à Saint-Pétersbourg ou de Paris à Constantinople.

B. *Caractère forfaitaire des indemnités.* — Les indemnités allouées aux victimes d'accident devaient avoir le caractère forfaitaire, ce qui supprimerait, disait-on, les procès à la suite d'accident, ou tout au moins les rendrait très rares.

Or l'essence même du forfait a disparu du texte actuel, du moment que les indemnités peuvent être augmentées ou diminuées suivant qu'il y a faute impardonnable du patron ou de ses préposés ou de l'ouvrier.

D'ailleurs, l'indemnité forfaitaire ne se justifie et ne s'explique que pour l'accident provenant d'un cas fortuit ou de force majeure, mais nous ne pouvons admettre que l'ouvrier blessé et mis dans l'impossibilité absolue de se livrer à aucun travail ne soit que partiellement indemnisé et que par compensation le patron doive une indemnité à l'ouvrier qui a, par sa faute, occasionné l'accident dont il est la victime ou l'une des victimes : c'est un risque dont il doit se garantir personnellement par une assurance individuelle.

C. *Caractère d'ordre public de la loi.* — Le législateur a eu l'intention d'imprimer au plus haut degré à la loi le caractère *d'ordre public;* cela ressort à l'évidence du rapprochement des articles 21 et 30 : les parties ne peuvent, sauf les exceptions spécifiées au paragraphe 2 de l'article 21, transiger sur leurs droits acquis et réglés en justice.

Or cette prohibition peut être trop facilement éludée grâce à l'article 18 : les parties peuvent transiger comme elles l'entendent, mais la transaction doit être faite sous condition suspensive et n'être définitive que s'il n'est pas donné assignation dans le délai d'un an à compter du jour de l'accident, ou que les ayants droit se désistent de leur assignation.

C'est là une fissure inadmissible; ou les transactions sur droits acquis doivent être autorisées, ou si elles sont interdites, on ne doit plus tolérer que les prohibitions soient éludées aussi facilement.

EXAMEN DÉTAILLÉ DE LA LOI.

TITRE PREMIER.

INDÉMNITÉS EN CAS D'ACCIDENT.

Art. 1er. Cet article sera une source abondante de procès; il faudra que la jurisprudence détermine quelles sont les professions assujetties à la loi, et dans une profession assujettie quels sont les ouvriers effectivement protégés; la discussion qui a eu lieu le 20 mars 1896 à la tribune du Sénat entre M. Blavier, M. Félix Martin et M. le Rapporteur prouve que la question est très délicate.

L'exclusion du bénéfice de la loi des collaborateurs accidentels ne se justifie pas, puisque ces collaborateurs accidentels courent les mêmes dangers que les ouvriers ordinaires; ce sera, du reste, là une nouvelle source de procès.

Enfin permettre à l'agriculture et à la petite industrie d'échapper aux charges de la nouvelle loi, à la condition de renoncer à l'emploi des moteurs inanimés, c'est d'une part enrayer le progrès de l'agriculture comme de la petite industrie et du même coup limiter les débouchés de l'industrie de la construction des machines.

Art. 2. En vertu du paragraphe 1ᵉʳ de cet article, les ouvriers et employés ne pourront invoquer contre leur patron les dispositions de droit commun : ils ne pourront, notamment, se porter partie civile contre lui. La généralité des termes de cet artic'e comprend non seulement les ouvriers, contremaîtres et agents subalternes de l'industrie, mais encore le personnel supérieur et notamment les ingénieurs.

Mais, sauf conventions particulières, ils n'auront droit au bénéfice de la loi que pour une fraction de leurs appointements; il importera que les primes payées pour assurances soient calculées sur cette même fraction.

Toutefois, faudra-t-il tenir compte des travaux supplémentaires, des indemnités diverses, parts d'intérêts, gratifications normales ou assurées?

Art. 3. Cet article est toute la loi, a-t-on dit; aussi les difficultés surgiront nombreuses au moment de la mise en application de la loi.

Pour l'ouvrier habituellement valide, d'un âge moyen, le salaire annuel se déterminera assez facilement malgré les chômages, qui peuvent varier avec les saisons; mais il n'en sera pas toujours ainsi. Cette question sera d'ailleurs examinée en détail à l'occasion de l'article 10.

S'il s'agit d'une incapacité partielle et permanente de travail, la première difficulté consistera à décider si l'ouvrier pourra continuer le travail de sa profession. Que décider, si physiquement il le peut, mais si aucun patron ne veut l'employer en considération de ce qu'un nouvel accident est trop à redouter?

Que décider encore, s'il est apte à exercer un autre métier, mais à la condition de faire un nouvel apprentissage?

Enfin la difficulté sera beaucoup plus grande encore s'il s'agit d'un jeune ouvrier qui vient d'obtenir ou qui est sur le point d'obtenir à nouveau normalement une augmentation de salaire, ou d'un vieillard conservé par faveur à son ancien tarif, ou sur le point de devenir par l'âge et l'affaiblissement graduel une non-valeur pour un atelier.

En ce qui concerne les pensions à servir aux ayants droit de l'ouvrier décédé, le chiffre élevé qu'elles peuvent atteindre va nécessairement amener la petite industrie, tout au moins, et en général les industriels qui sont leurs propres assureurs à rechercher de préférence les ouvriers célibataires ou étrangers.

Les ouvriers chargés de famille s'embaucheront par conséquent plus difficilement ou à de moins bonnes conditions.

On peut dire, d'autre part, qu'en fait une veuve ayant obtenu une pension d'une certaine importance y renoncera bien rarement pour convoler en secondes noces : elle incite donc au concubinage ou à la débauche.

A ce double point de vue la loi est antisociale.

Enfin il est des cas où la veuve, non séparée de corps ni divorcée, n'est pas seule à mériter que le législateur s'occupe d'elle.

La victime de l'accident peut laisser une femme séparée de corps qui non seulement a obtenu le bénéfice de la séparation de corps à son profit, mais même une pension de justice ; serait-il juste qu'elle en fût frustrée par l'accident qui la rend veuve ? Le lien conjugal n'était d'ailleurs pas anéanti, il pouvait se resserrer un jour ou l'autre.

La femme divorcée qui a obtenu à son profit le bénéfice du divorce avec *pension alimentaire* se trouve dans une situation presque aussi digne d'intérêt et doit bénéficier de la pension des veuves, au moins jusqu'à concurrence de la pension accordée par justice, si cette dernière est plus faible que la première.

Enfin l'ouvrier peut être remarié, et la femme divorcée avec pension, dont il vient d'être parlé, peut coexister avec une veuve : ne devrait-il pas dans ce cas y avoir un partage, une ventilation de la pension de veuve ?

On comprend très bien le motif qui fait que le législateur exige que le mariage soit antérieur à l'accident ; dans certains cas cependant, il n'y a pas de fraude à redouter, lorsque, par exemple, il y a des enfants naturels reconnus par les deux concubins avant l'accident, lorsqu'il y a une longue cohabitation en quelque sorte publique. Ne pourrait-on pas s'en remettre à la sagesse des tribunaux, qu'on semble avoir voulu éviter tout en multipliant d'un autre côté les sources de procès ?

Même préoccupation du législateur en ce qui concerne les enfants naturels, mais il y a tout au moins un cas où la fraude n'est pas à craindre, et il n'a pas été réservé par la loi, c'est celui de l'enfant naturel non reconnu par sa mère et reconnu par justice après son décès ; d'ailleurs, lorsqu'il s'agit de reconnaissance d'enfants naturels, les intéressés ne peuvent-ils pas la contester ?

La loi ne spécifie pas dans quelle catégorie serait rangé l'enfant naturel reconnu par un seul de ses parents, le défunt ; il semble cependant qu'il ne doit pas être considéré comme orphelin de père et de mère.

Il y a encore un cas assez mal défini en ce qui concerne les orphelins. Si la victime laisse des enfants de deux lits, les uns seront, par exemple, orphelins de père et de mère, et les autres orphelins de père seulement — il pourrait même y avoir des enfants naturels. L'ensemble des rentes attribuées à ces enfants peut atteindre 60 p. o/o du salaire, qui, s'ils s'ajoutent aux 20 p. o/o alloués à la veuve, peuvent porter l'ensemble des pensions à 80 p. o/o, ce qui semble un peu imprévu.

Le paragraphe C est encore plus inexplicable que les précédents.

D'une part, les beaux-parents, qui pouvaient se trouver légalement à la charge du défunt, sont absolument oubliés. La jurisprudence les considéra-t-elle comme des parents, cela peut amener des procès à aller jusqu'en cassation : les compagnies d'assurances n'hésitent pas si elles croient y avoir intérêt.

Et, d'autre part, les parents eux-mêmes ne sont aucunement admis au bénéfice d'une pension quelconque s'il y a soit une veuve, soit un enfant appelé au bénéfice de la pension au moment du décès de la victime : il suffit que l'enfant touche sa pension pendant quelques mois ou même quelques jours pour enlever tout droit aux ascendants et autres descendants. C'est inadmissible.

On remarquera que les pensions d'ascendant sont plus faibles que celle du conjoint ordinairement plus jeune.

On ne comprend pas davantage que si un ouvrier a à sa charge, par exemple, un fils de moins de 16 ans et deux petits-enfants en bas âge et peut-être aussi sa femme, la présence de son fils ou de sa femme puisse empêcher les petits-enfants de bénéficier d'une fraction quelconque de pension.

A notre avis, les droits de conjoint, des descendants au-dessous de 16 ans ou même plus et des ascendants à la charge du défunt doivent être reconnus conjointement, sauf à fixer un total général maximum pour l'ensemble de tous les cas prévus par les paragraphes A, B et C et réduire au besoin les chiffres fixés par la loi, de manière à ne pas dépasser le maximum ; mieux encore, laisser aux tribunaux quelque liberté dans la répartition à faire.

Pensions incessibles et insaisissables. — Nous pensons que la loi, au lieu de déclarer ces pensions incessibles et insaisissables, doit au contraire, dans l'intérêt de ces petits rentiers et pour leur faciliter le crédit qu'il peut être pour eux indispensable d'obtenir, surtout s'ils ont à changer de résidence, déclarer ces pensions inaliénables, mais cessibles et saisissables dans les conditions prévues par la loi du 12 janvier 1895 sur les petits traitements.

Ouvriers étrangers. — Il semble qu'il conviendrait tout d'abord de stipuler la réciprocité avec les nationaux comme condition des pensions.

Il faudrait, en outre, préciser, en ce qui concerne ces ouvriers, à partir de quel moment courent les trois annuités auxquelles la loi fait allusion ; nous supposons qu'il s'agit de trois annuités à partir du moment où l'ouvrier quitte la France. Mais dans quelles conditions peut-il les exiger ? Le consul étranger va-t-il intervenir pour formoser la demande, ou le tribunal français prescrira-t-il certaines mesures de prudence ?

La loi a totalement oublié d'indiquer quelle sera la situation du ou des représentants d'ouvriers étrangers qui se trouveront en France au moment de l'accident, mais qui la quitteront dans la suite.

Collatéraux. — D'après notre loi militaire, le frère aîné d'orphelins est exempté de service comme soutien indispensable de famille.

S'il meurt victime d'un accident, est-ce que ses frères et sœurs qui étaient à sa charge n'auront droit à rien? Sous l'empire du droit commun, les tribunaux ont quelquefois accordé des indemnités, notamment à une fille se trouvant, en fait, à la charge de son frère.

Âge de seize ans. — La loi a adopté comme base du forfait le chiffre de 16 ans pour les enfants, comme âge auquel ils peuvent se suffire à eux-mêmes ; c'est évidemment très critiquable, et sous l'empire de la législation actuelle les tribunaux accordaient le plus souvent les pensions jusqu'à vingt et un ans, tout au moins jusqu'à dix-huit.

Il ne faut pas oublier qu'il y aura des enfants valétudinaires qui seront très souvent lésés par ce forfait.

ART. 4. L'émolument accordé au médecin choisi par l'ouvrier est si modeste qu'en fait il lui sera à peu près impossible d'avoir un médecin de son choix.

ART. 5 et 6. Le but est de pousser les ouvriers à s'affilier aux sociétés de secours mutuels en tenant compte de la proportion moyenne des jours de maladie proprement dite et des jours d'interruption de travail à la suite d'accident.

ART. 7. Il réserve à l'ouvrier et, s'il néglige d'agir, au patron le droit de poursuivre contre le tiers responsable la réparation du préjudice dans les termes du droit commun ; les indemnités accordées pourront d'ailleurs être très différentes, mais il n'y aura pas cumul de deux indemnités.

La réserve du droit du patron contre le tiers n'était même pas nécessaire.

ART. 8. Il semble que le législateur ait employé le mot d'ouvrier valide au lieu d'ouvrier adulte, et alors la remarque que l'ouvrier de moins de 16 ans se trouvera généralement mieux traité que celui qui vient à peine de dépasser cet âge.

En cas d'incapacité temporaire, l'apprenti touchera très souvent une indemnité supérieure à celle qui lui est accordée à l'atelier quand il y travaille (il n'a pas, en effet, de salaire proprement dit). Il est à craindre que les parents ne cherchent quelquefois à prolonger cette situation anormale.

ART. 9. Le texte n'indique pas si la femme peut agir sans l'autorisation maritale; non seulement nous pensons qu'elle doit être exigée, mais nous voudrions que la loi permît à la femme d'intervenir lorsque c'est le mari qui est demandeur en payement du quart.

Mais en ce qui concerne la réversibilité, l'intervention du conjoint doit, *a fortiori,* être admise; il devrait même pouvoir se porter demandeur principal tant en son nom qu'au nom des enfants, la victime pouvant désirer ne pas voir réduire sa pension, alors qu'il est indispensable d'assurer l'avenir de la famille.

La loi prévoit la réversion partielle de la pension sur la tête du conjoint; cela est insuffisant. Il devrait pouvoir y avoir réversion sur la tête des descendants ou même ascendants, suivant les cas.

Cela ne peut causer aucune aggravation de charge pour le patron ; l'intérêt de la famille de la victime est seul en jeu.

Art. 10. Le mode de calcul du salaire annuel est tout à l'avantage du vieil ouvrier qui va peut-être être congédié comme non-valeur, ou tout au moins diminué. Il sera au contraire très défavorable au jeune ouvrier qui vient d'être augmenté, ou va l'être normalement.

L'ouvrier habile, mais n'ayant pas de santé et par suite obligé pour ce motif à de fréquents chômages, se trouvera avantagé par rapport à l'ouvrier robuste, mais moins habile qui touche un salaire moins élevé, mais le touche régulièrement.

Enfin, dans les industries sujettes à chômages périodiques, il est bien difficile de déterminer le gain normal de l'ouvrier chez lui; tout au moins faudra-t-il en déduire les dépenses forcées, comme les voyages.

TITRE II.

DÉCLARATION DES ACCIDENTS ET ENQUÊTE.

Art. 11. La généralité des termes employés et le caractère impératif de l'article peuvent amener quelques difficultés d'interprétation, ainsi que cela résulte de la discussion au Sénat du 12 mai 1890.

Art. 12 et 13. Mais l'une des critiques les plus graves portera sur l'article 12 et sur le rôle qu'il confie au maire, rôle pour lequel il n'est pas fait et qu'il est hors d'état de remplir.

Le plus souvent, après un premier examen fait peu après l'accident, le médecin lui-même n'est pas fixé : il sera, par suite, prudent dans son certificat et cherchera à ne pas se compromettre.

Comment se décidera le maire? Au hasard, ou peut-être pire.

Dans tous les cas, le juge de paix n'a, lui, aucune liberté de décision; il est obligé d'agir si le maire lui a transmis le dossier : c'est évidemment fâcheux.

La loi ne dit pas si le juge de paix peut surseoir lorsque la victime ne peut le recevoir, ou si un interrogatoire peut aggraver son état.

Le médecin que le juge de paix sera amené à appeler sera souvent l'unique médecin du canton.

En ce qui concerne l'expert, le juge cantonal ne pourra pas toujours se faire assister par un expert compétent. Dans tous les cas, la limitation apportée à la faculté de recourir aux lumières d'un expert a soulevé des critiques justifiées.

Art. 14. Pénalités : la peine de prison qui avait été demandée en cas de récidive pour non-déclaration n'a pas été maintenue.

TITRE III.

COMPÉTENCE. — JURIDICTION. — PROCÉDURE. — REVISION.

Art. 15. La loi n'indique pas à partir de quel moment l'indemnité temporaire doit être versée à la victime. Est-ce à l'époque ordinaire de la paye, ou dès le cinquième jour de l'accident le patron peut-il être assigné en payement ? Il serait très intéressant d'être fixé, pour que le patron vigilant puisse éviter les frais d'une instance.

Dans tous les cas, c'est le juge de paix qui est compétent et qui, par dérogation au droit commun, statue sans appel, quel que soit le chiffre de la demande.

Ici se place une des critiques les plus importantes adressées à la loi.

Aux termes de l'article 20, si la victime a volontairement provoqué l'accident, il ne peut lui être accordé aucune indemnité ; or, si le juge de paix décide que les frais funéraires doivent être payés aux ayants droit, ou qu'une indemnité temporaire, ou des frais médicaux doivent être payés à la victime, il a par là même implicitement décidé que la victime n'a pas volontairement causé l'accident, et la décision étant sans appel, l'autorité de la chose jugée s'attache immédiatement à la décision et sera invoquée lorsqu'on se présentera pour discuter devant le tribunal.

Une modification législative est donc indispensable et urgente. Il faut que le juge de paix ne puisse rendre que des ordonnances statuant par provision et sans préjudice au principal même sur la compétence.

Ces décisions seraient des sortes d'ordonnances de référés, toujours exécutoires par provision, rendues par le juge de paix au lieu et place du président.

L'ordonnance accordant l'indemnité temporaire et autres indemnités accessoires pourrait d'ailleurs être rendue par le président lui-même au moment où les parties se présenteraient devant lui si le juge de paix n'avait été appelé à statuer.

Art. 16. Cet article soulève une question qui, au point de vue pratique, a une réelle importance : celle de la faculté de donner pouvoir.

La loi dit que le chef de l'entreprise aura la faculté de se faire représenter devant le président du tribunal ; par là, elle semble indiquer que la victime ou ses ayants droit n'a pas le même droit. Il serait bon que le législateur s'expliquât d'une manière formelle.

En outre, le législateur ne dit rien en ce qui concerne la représentation en justice de paix, la question devrait être réglée en même temps.

L'article 16 n'indique pas si le président a le droit de surseoir, par exemple lorsqu'on ne connaît pas encore quelles sont les conséquences de la blessure.

Il semble que devant le président les parties peuvent se mettre d'accord, même s'il y a mineur en cause ; le texte devrait s'en expliquer nettement.

Art. 17. Les délais imposés sont généralement trop courts : en fait, si l'ouvrier est obligé de relever appel dans les quinze jours du prononcé du jugement lorsqu'il est contradictoire, il ne pourra jamais le formuler avec le bénéfice de l'assistance judiciaire, à moins d'autoriser l'appel par simple déclaration au greffe.

Art. 18. Comme nous l'avons indiqué, cet article semble inscrit tout simplement pour permettre de faire échec aux dispositions impératives de la loi en permettant la transaction à terme.

La transaction ne sera effective que si le bénéficiaire ne donne pas assignation dans le délai d'un an, ou s'il se désiste de l'assignation donnée.

Art. 19. Le délai de trois ans stipulé pour la revision des indemnités par suite de conséquences imprévues d'accident ne s'explique pas du moment qu'on fait courir le délai, non du jour de l'accident, mais du jour de l'arrangement ou de la décision définitive : c'est pousser aux procès.

Ce délai de trois ans présente, en outre, de réels inconvénients si la victime veut entreprendre un petit commerce.

Art. 20. A pour but de moraliser en quelque sorte l'assurance, mais en même temps il en supprime le caractère forfaitaire.

En cas de faute inexcusable du patron, il aurait peut-être été plus simple de combiner les dispositions de la loi avec celles du droit commun.

Même en cas de faute inexcusable du patron ou de ses préposés, les enfants de plus de seize ans, les ascendants en présence d'enfants, etc. sont déchus de tout droit à indemnité, malgré ce qui a pu être dit au moment de la discussion.

Art. 21. Le législateur indique la volonté bien arrêtée de ne pas autoriser les bénéficiaires de la loi à transiger définitivement même sur des droits acquis.

Il n'est dérogé à cette règle qu'en ce qui concerne les pensions des veuves et les pensions inférieures à 100 francs.

Art. 22. Le bénéfice de l'assistance judiciaire est accordé de plein droit devant le tribunal et la justice de paix ; mais en ce qui concerne la cour d'appel et la Cour de cassation, on reste dans les termes du droit commun.

TITRE IV.

GARANTIES.

Art. 23. La loi n'établit aucune différence entre le chef d'industrie assuré et celui qui ne l'est pas, au point de vue du payement des frais médicaux, pharmaceutiques et funéraires et des indemnités temporaires.

La différence n'est faite qu'en ce qui concerne les pensions permanentes; ce qui est fâcheux.

Art. 24. Les syndicats de garantie, liant solidairement leurs adhérents que vise la loi, n'ont aucun rapport avec les syndicats créés par la loi de 1884; il ne faut pas de confusion à ce sujet.

Il serait préférable que la Caisse des retraites payât directement tous les ayants droit, sauf à se faire rembourser ultérieurement.

Art. 25. Le fonds de garantie créé est exclusivement alimenté par l'industrie et les mines et il a cependant pour but de parer aux insolvabilités de l'agriculture.

En outre, les industriels assurés se trouvent payer tout à la fois pour eux-mêmes et pour leurs concurrents téméraires devenus insolvables : c'est inadmissible.

Art. 26. La Caisse des retraites ne pouvant exercer aucun recours contre l'industriel assuré, ne serait-il pas plus simple et plus rassurant pour lui que la société d'assurances mutuelles ou à prime fixe, ou le syndicat de garantie fût mis en cause au moment de la fixation de l'indemnité et la condamnation directement prononcée contre la société ou le syndicat? Le chef d'industrie se trouverait ainsi définitivement mis hors de cause.

Art. 27. La loi met à la charge des sociétés d'assurances et syndicats de garantie les frais de surveillance et de contrôle.

Art. 28. Le capital représentatif des pensions est rendu exigible lorsque le chef d'industrie cesse volontairement ou involontairement son exploitation : décès, cession d'établissement, liquidation judiciaire ou faillite; mais, en ce cas, aucun privilège ne garantit le payement ou mieux son remboursement à la Caisse des retraites qui en aura fait l'avance.

TITRE V.

DISPOSITIONS GÉNÉRALES.

Art. 29. La loi établit la gratuité de tous les actes nécessaires pour son exécution, dispense et enregistrement gratuits.

Art. 30. Toute convention contraire à la loi est nulle de plein droit, même si elle est faite au bénéfice de l'ouvrier.

Art. 31. Obligation d'afficher la loi et les règlements d'administration publique et pénalités qui sanctionnent cette obligation ; compétence des inspecteurs du travail.

Art. 32. La loi ne s'applique ni aux ateliers de la marine, ni aux ouvriers des manufactures d'armes de la guerre.

Art. 33. La loi est mise en vigueur trois mois après la publication des décrets d'administration publique qui en règlent l'application.

Art. 34. Elle pourra être mise en application par décret portant règlement d'administration publique en Algérie et aux Colonies.

RÉSUMÉ ET CONCLUSION.

Comme on le voit, la loi nouvelle présente de nombreuses lacunes et des dispositions qu'il est indispensable de modifier sans retard. Elle réclame une refonte générale.

Provisoirement et pour permettre au législateur d'y procéder, il importe que la loi accorde une prorogation de délai pour la mise en application.

Ce délai est, du reste, indispensable aux industriels pour leur permettre d'user de la faculté, qui leur est réservée par la loi elle-même, de s'organiser et de créer soit des sociétés mutuelles, soit des syndicats de garantie établissant une concurrence avec les compagnies d'assurances à prime fixe dont les prétentions sont actuellement exagérées.

La loi devra elle-même trancher une question dès maintenant soulevée par les compagnies d'assurances contre les accidents : Que deviendront les polices actuelles si les industriels n'acceptent pas les propositions de leurs assureurs pour la transformation de ces polices dans les termes de la loi actuelle? Quelques compagnies émettent la prétention de vouloir les maintenir, bien que, par le fait de la loi nouvelle, elles se trouvent sans intérêt pour ceux qui les ont souscrites.

Il faut que la loi dise qu'elles sont nulles de plein droit à partir de sa mise en application.

Onéreuse pour les patrons, la nouvelle loi, avec son texte actuel, ménagerait de cruelles déceptions à beaucoup de ceux qui se croient efficacement protégés par elle : elle constituerait un véritable nid à procès.

Il y a donc lieu de formuler les vœux suivants :

VOEUX.

Que la mise en vigueur de la loi sur les accidents du travail, du 9 avril 1898, exécutoire à partir du 1ᵉʳ juin 1897, soit différée jusqu'à la clôture de l'Exposition universelle de 1900 : ce délai d'application ·

étant indispensable aux industriels pour leur permettre de créer des sociétés mutuelles d'assurances ou des syndicats de garantie, de manière à
établir une concurrence aux compagnies d'assurances à primes fixes dont
les prétentions sont actuellement exagérées et d'user ainsi utilement de la
faculté qui leur est reconnue par la loi elle-même.

Que ce délai soit utilisé pour remanier le texte de la loi du 9 avril 1898,
la préciser et y apporter les modifications dès maintenant reconnues indispensables dans l'intérêt de tous, ouvriers et patrons.

Que la loi cesse d'être une loi d'exception, ne s'appliquant qu'à un
nombre restreint d'ouvriers et d'employés d'industries spéciales; qu'elle
soit applicable à tous les salariés dans la plus large acception du mot, de
manière à éviter toute difficulté d'interprétation et de manière à ne pas entraver les progrès de l'agriculture et de la petite industrie en y empêchant
la diffusion des moteurs inanimés.

Que la loi ne soit pas une entrave à l'embauchage, dans la petite industrie surtout, des ouvriers ayant de lourdes charges de famille, au
profit de ceux qui n'en ont pas et surtout au profit des célibataires
étrangers.

Qu'il soit établi une distinction bien nette entre les patrons assurés
qui, par esprit de prévoyance, acceptent de payer les primes d'une assurance coûteuse et ceux qui préfèrent rester leurs propres assureurs.

Que l'on exige de ceux-ci toutes les garanties reconnues indispensables
pour que les patrons assurés et vigilants n'aient pas à payer tout à la fois
pour eux mêmes et au lieu et place de leurs concurrents plus téméraires
et insolvables et pour qu'il n'y ait pas de ce chef une charge pour
l'État.

Que l'industrie manufacturière, commerciale ou minière n'ait pas seule
à supporter la charge des insolvabilités, puisqu'il y a des insolvabilités
qui leur sont étrangères.

Que l'industriel assuré à une des assurances autorisées par l'État soit
affranchi de toute autre garantie, l'assurance ainsi contractée étant une
garantie suffisante pour les victimes et pour la Caisse des retraites.

Que le payement des rentes ou des indemnités soit normalement effectué
par les soins de ladite Caisse des retraites, pour la plus grande commodité
des rentiers, surtout s'ils changent de résidence et aussi pour éviter l'atteinte au crédit de l'industriel, pouvant résulter pour lui du moindre
retard vis-à-vis des rentiers ses créanciers.

Que pour donner toute sécurité aux industriels assurés, les sociétés d'assurances mutuelles ou à primes fixes ou les syndicats de garantie soient
toujours mis en cause lors du règlement des indemnités, et les condamnations prononcées directement contre eux; les industriels se trouvant ainsi
définitivement mis hors de cause par le jugement même qui statuera sur
l'indemnité accordée.

Que, dans l'intérêt des ouvriers honnêtes, les indemnités accordées par la loi soient cessibles et saisissables dans les conditions prévues par la loi du 12 janvier 1895 sur les salaires et petits traitements, de manière qu'ils puissent obtenir le crédit qui leur est indispensable surtout s'ils ont à changer de résidence.

Que les juges de paix, sur les indemnités prévues à l'article 15 de la loi, ne statuent qu'à titre provisoire et sans préjudice au principal, même en matière de compétence, en sorte que le débat vienne entier devant le tribunal civil.

Que la loi s'explique d'une manière formelle sur la question de procuration des bénéficiaires qui ne pourront qu'exceptionnellement se faire représenter soit en justice de paix, soit devant le président du tribunal civil, et en ce cas en donnant pouvoir à un de leurs proches, parent, allié ou, à défaut, camarade d'atelier.

Qu'enfin l'un des effets de la loi étant d'imposer de lourdes charges à l'industrie et de dégrever d'autant le budget de l'Assistance publique, l'État par compensation prenne à sa charge une fraction de la prime d'assurance ou contribue à la réparation du dommage par une certaine bonification aux sommes versées aux intéressés, ainsi que cela a lieu pour les retraites payées par la Caisse des retraites et les institutions analogues.

Que, pour couper court à des difficultés dès maintenant annoncées, la loi déclare qu'à partir de sa mise en vigueur, toutes les polices d'assurances contre les accidents passées sous l'empire de l'ancienne législation et ne satisfaisant plus au vœu de la loi sont de plein droit résiliées.